Generis

PUBLISHING

AF435445

Le traitement des emprunts du mooré et du dioula au français dans les écoles primaires bilingues du Burkina Faso

Alou KEITA

Ahoubahoum Ernest PARDEVAN

Copyright © 2020 Alou KEITA, Ahoubahoum Ernest PARDEVAN
Copyright © 2020 Generis Publishing

All rights reserved. This book or any portion thereof may not be reproduced or used in any manner whatsoever without the written permission of the publisher except for the use of brief quotations in a book review.

CIP a Camerei Naționale a Cărții

Keita, Alou.

Le traitement des emprunts du mooré et du dioula au français dans les écoles primaires bilingues du Burkina Faso / Alou Keita, Ahoubahoum Ernest Pardevan. – Chișinău : Generis Publishing, 2020 (Print on demand). – 33 p. : tab.

Rez.: lb. engl., fr. – Referințe bibliogr.: p. 32-33.

ISBN 978-9975-153-89-8.

811.133.1'282.4:37.091(662.5)

K 31

Cover image: www. pixabay.com

Generis Publishing
Online orders: www.generis-publishing.com
Orders by email: info@generis-publishing.com

Sommaire

Résumé : Le Burkina Faso est un pays caractérisé par le multilinguisme. Plusieurs langues y sont en contact et engendrent des phénomènes langagiers comme le xénisme, les alternances codiques, les interférences linguistiques, les calques et les emprunts. Ce contact de langues a entraîné l'usage de plus en plus important d'emprunts lexicaux dans la société, les écoles et particulièrement dans les écoles primaires bilingues. Dans ces écoles, les langues nationales empruntent au français qui est la langue officielle. Le constat est qu'il y a une présence d'emprunts dans les manuels en langues nationales destinés aux écoles primaires bilingues. Et la graphie et la phonétique de ces emprunts, selon qu'il y a ressemblance ou dissemblance avec la forme originelle, peut constituer un atout ou un obstacle à leur enseignement-apprentissage en français. Il se pose alors le problème du traitement didactique de ces emprunts dans l'enseignement-apprentissage du vocabulaire français. Pour conduire à terme cette étude, nous avons, dans la démarche méthodologique, exploité les manuels didactiques et l'environnement scolaire pour constituer un corpus. Nous avons aussi observé des séquences de classes et réalisé des entretiens avec des enseignants des écoles bilingues afin de déterminer leur traitement didactique. L'objectif de l'étude est, d'une part, de faire la description taxonomique puis lexicale des emprunts attestés dans les manuels scolaires en langues nationales mooré et dioula et, d'autre part, de faire des propositions didactiques pour faciliter l'acquisition de leurs équivalents français lors de l'enseignement-apprentissage du vocabulaire français. Au terme de cette étude, la description taxonomique, lexicale et didactique des emprunts est faite. Enfin, des propositions didactiques dans le sens du bon traitement des emprunts lexicaux dans l'enseignement-apprentissage du vocabulaire français sont élaborées.

Mots clés : didactique, vocabulaire, emprunt lexical, français, langues nationales.

Abstract : Burkina Faso is a country characterized by multilingualism. Several languages are in contact with it and generate linguistic phenomena such as xenism, codic alternations, linguistic interferences, layers and borrowings. This contact with languages has led to the increasing use of lexical loans in society, schools and especially in bilingual primary schools. In these schools, the national languages borrow from French, which is the official language. The observation is that there is a presence of borrowings in textbooks in national languages intended for bilingual primary schools. And the graphy and phonetics of these borrowings, according to whether there is resemblance or dissimilarity with the original form, can constitute an asset or an obstacle to their teaching-learning in French. The problem then arises of the didactic treatment of these loans in the teaching-learning of French vocabulary. To carry out this study in the end, we used methodological textbooks and the school environment to build a corpus. We also observed class sequences and conducted interviews with teachers in bilingual schools to determine their didactic treatment. The objective of the study is, on the one hand, to make the taxonomic and lexical description of borrowing attested in textbooks in the national languages Mooré and Dioula and, on the other hand, to make didactic proposals to facilitate the acquisition of their French equivalents during teaching-learning of French vocabulary. At the end of this study, the taxonomic, lexical and didactic description of the loans is made. Finally, didactic proposals in the direction of the good treatment of lexical borrowings in the teaching-learning of French vocabulary are elaborated.

Keywords : didactics, vocabulary, lexical borrowing, french, national languages.

Introduction

Le Burkina Faso est un pays caractérisé par le multilinguisme. Il compte une soixantaine de langues nationales. La Constitution du 02 juin 1991 précise en son article 35 que « La langue officielle est le français. La loi fixe les modalités de promotion et d'officialisation des langues nationales ». Ainsi, dix langues nationales sont présentement utilisées dans l'enseignement bilingue en plus du français. Il s'agit du bissa, du bwamu, du dagara, du dioula, du fulfuldé, du gulmancéma, du kassem, du lyélé, du mooré et du nuni. Dans le contexte burkinabè, les Etats Généraux de l'Education de 1994 ont identifié l'éducation bilingue comme l'une des solutions à la problématique de la qualité de l'éducation de base. L'éducation bilingue est un système d'enseignement dans lequel l'éducation est donnée en deux langues. Elle utilise, pour l'apprentissage, une langue nationale maîtrisée par les enfants et la langue officielle (le français), puisque cela facilite l'enseignement et l'apprentissage. Le contact du français et des langues nationales a entraîné l'usage de plus en plus important d'emprunts. Les langues nationales concernées par la présente étude sont le mooré et le dioula, deux langues emprunteuses au français.

Le constat est qu'il y a une présence d'emprunts dans les manuels en langues nationales en usage dans les écoles primaires bilingues. Et la graphie et la prononciation de ces emprunts, selon qu'il y a ressemblance ou dissemblance, peut constituer un atout ou un obstacle à l'enseignement-apprentissage de leurs étymons en vocabulaire français.

Ainsi, avons-nous décidé de faire du traitement des emprunts dans les écoles primaires bilingues l'objet de la présente réflexion. L'étude répondra aux questions suivantes : Quelle est la taxonomie des emprunts attestés dans les manuels scolaires en langues nationales mooré et dioula ? Quels sont les procédés utilisés pour l'intégration de ces emprunts attestés dans les langues nationales mooré et dioula ? Les emprunts attestés du mooré et du dioula au français constituent-ils un facteur favorable ou défavorable dans l'enseignement-apprentissage du vocabulaire de leurs étymons en français ? Nous formulons trois hypothèses : plusieurs types d'emprunts du mooré et du dioula sont attestés dans les manuels des écoles primaires bilingues ; les emprunts attestés des langues nationales mooré et dioula ont été intégrés par le biais de caractéristiques phonétiques, graphiques, morphosyntaxiques et sémantiques ; les emprunts attestés des langues nationales mooré et dioula constituent un facteur favorable dans l'enseignement-apprentissage du vocabulaire de leurs étymons en français.

L'objectif général de cette étude est de faire le traitement des emprunts attestés dans les manuels du mooré et du dioula au français lors de l'enseignement-apprentissage de leurs étymons en vocabulaire. Il s'agit spécifiquement de décrire la taxonomie des emprunts attestés dans les manuels scolaires en langues nationales mooré et dioula ; décrire les procédés d'intégration de ces emprunts en mooré et en dioula ; montrer que les emprunts attestés constituent un facteur favorable dans l'enseignement-apprentissage du vocabulaire de leurs étymons en français ; faire des propositions didactiques pour un traitement fructueux des emprunts lors de l'enseignement-apprentissage de leurs équivalents en leçons de vocabulaire en français.

La principale raison qui a motivé le choix de ce thème est que les emprunts des manuels des écoles primaires bilingues sont relativement abondants et peu étudiés. Le travail tel qu'il est articulé s'inscrit dans le domaine de la socio-didactique et revêt un intérêt pédagogique et lexicologique. Il nous a permis de constituer un répertoire d'emprunts attestés dans le milieu scolaire, répertoire exploitable lors des cours de vocabulaire aussi bien en langues nationales qu'en français.

1.Les cadres conceptuel et méthodologique

1.1 *Le cadre conceptuel*

Le contact du français et des langues nationales mooré et dioula a favorisé un certain nombre de phénomènes linguistiques comme l'emprunt, l'hybridation, le xénisme et le calque. Bien que l'objet de notre étude soit l'emprunt linguistique, nous pensons qu'il est nécessaire d'élucider les concepts ci-dessus énumérés, ce, pour éviter toute confusion et erreurs d'analyses.

L'emprunt

Pour J. Dubois et *al.*,

> Il y a emprunt linguistique quand un parler A utilise et finit par intégrer une unité ou un trait linguistique qui existait précédemment dans un parler B (dit langue source) et que A ne connaissait pas ; l'unité ou le trait emprunté sont eux-mêmes qualifiés d'emprunts.

> Dubois et *al.* (2001, p. 177)

Et C. Loubier renchérit en disant que l'emprunt est :

> Un procédé par lequel les utilisateurs d'une langue adoptent intégralement, ou partiellement, une unité ou un trait linguistique (lexical, sémantique, phonologique, syntaxique) d'une autre langue. Unité ou trait linguistique d'une langue qui est empruntée intégralement ou partiellement à une autre langue.

> Loubier (2001, p.10)

Les raisons de l'emprunt sont multiples. D'abord, on emprunte avec une fréquence particulière des mots à d'autres langues parce qu'on juge à tort ou à raison que ces langues jouissent d'un grand prestige. La langue prêteuse est considérée comme une langue de culture, des intellectuels, une langue de la haute classe, d'une communauté plus développée dont la culture est rayonnante ou l'économie florissante. Les mots d'une langue d'un pays jugé plus fort ou plus développé dans les domaines culturel, linguistique, économique, technologique, ou politique sont fréquemment empruntés. Donc, l'emprunt des mots étrangers est lié essentiellement à la domination, aux rapports socio-économiques, culturels et/ou politiques qui se sont installés entre les différentes communautés linguistiques.

Ensuite, on emprunte des mots à d'autres langues pour satisfaire le besoin de nommer des choses nouvelles, qui viennent d'une autre communauté. On emprunte donc pour désigner un référent nouveau, un nouveau concept provenant d'une autre culture et qui n'a pas encore de dénomination dans la langue d'arrivée. La langue nécessite un signifiant pour tout signifié nouvellement apparu dans l'univers langagier d'un groupe de locuteurs. L'emprunt donc sert à combler un vide lexical dans la langue d'arrivée. C'est pourquoi, par exemple, le français a emprunté à l'anglais les mots suivants appartenant au domaine de l'informatique : « CD-ROM », « chat », « Messenger », « e-mail ». J. Serme précise à ce propos que :

> L'emprunt est en effet un des moyens de satisfaire aux besoins de renouvellement et d'innovation lexicaux qui se manifestent dans une langue. Un emprunt peut devenir nécessaire quand, par la comparaison entre deux langues, ont des différentiations insuffisantes dans certains champs sémantiques, qu'il cherchera alors à combler.

> Serme (1998, p. 20)

Ainsi, pour dire que parfois la langue emprunteuse se trouve en contact avec des réalités auxquelles elle ne peut pas forger ses propres termes et donc elle les emprunte. On emprunte également pour le souci d'originalité, de nouveauté, la volonté d'être à la mode ou de faire jeune. Contrairement aux emprunts de nécessité, les emprunts de luxe possèdent le plus souvent un équivalent, un synonyme qui existe déjà et qui est assez répandu dans la langue cible. Ces emprunts sont appelés emprunts par snobisme, parce que le locuteur pense que le mot de la langue source est plus valorisé et il choisit d'employer cette unité appartenant à une « langue de prestige ».

Enfin, on emprunte des mots à d'autres langues à cause du contact des langues qui est l'une des raisons les plus importantes dans les situations d'emprunt linguistique. En effet, le contact des peuples est forcément à l'origine du contact des langues et deux langues qui sont en contact dans la même localité finissent par avoir des interférences linguistiques. Cette proximité géographique peut amener qu'une langue emprunte des mots à l'autre et vice versa. Ainsi, aucune langue ne peut se suffire à elle-même.

L'hybride

Il est important de souligner que l'emprunt est différent de l'hybride. En effet, en distinguant ces deux concepts, A. Kéïta, affirme que :

> L'hybride, en linguistique, est une lexie formée d'éléments relevant de langues différentes. Il n'est pas à confondre à l'emprunt. Celui-ci est attesté dans deux langues différentes, tandis que l'hybride n'existe que dans la langue circonscrite. On dégage deux grands types d'hybridation : l'hybridation morphologique et l'hybridation syntaxique.

Kéïta (2013, p. 90)

Ainsi, lorsqu'on parle d'emprunt linguistique, on fait généralement allusion à un mot ou à une expression qu'un locuteur ou une communauté emprunte à la langue d'une autre communauté linguistique, sans passer par la traduction, tout en l'adaptant parfois aux règles phonétiques, morphologiques et syntaxiques de la langue d'arrivée. C'est un acte par lequel une langue accueille un élément d'une autre langue. Emprunt et hybridation ne sont pas à confondre au xénisme.

Le xénisme

J. Dubois et *al.* définissent le xénisme comme étant :

> Une unité lexicale constituée par un mot d'une langue étrangère et désignant une réalité propre à la culture des locuteurs de cette langue. [En d'autres termes, il désigne] l'introduction de mots étrangers dans une langue donnée, sans que cela n'altère la graphie, et sans aussi les marques de genre et de nombre de la langue-hôte. Quand le mot, ou l'expression, étranger est d'une part plus court, d'autre part intraduisible, le xénisme est légitime ; il est inutile lorsque l'équivalent français existe.

J. Dubois et *al.* (2001, p. 512)

Le xénisme fait la description d'une réalité spécifique qui n'existait pas dans la langue cible et est ainsi le premier stade de l'emprunt. Avec le temps, il s'intègre petit à petit dans la langue receveuse et les locuteurs s'habituent à prononcer ce mot puis ils cessent de le considérer comme un mot étranger et par conséquent le xénisme devient un emprunt. Il est considéré comme une étape dans le passage d'un mot d'une langue à une autre. Le xénisme est absent dans les textes anciens, dans les dictionnaires et dans les encyclopédies de la langue emprunteuse.

Le calque

Pour G. Rondeau (1986, p. 48), le calque est : « la traduction littérale et mot à mot d'un terme d'une langue dans l'autre, y compris le modèle syntaxique ». Autrement dit, le calque est un type d'emprunt particulier dont la forme est authentiquement de la langue d'arrivée, mais le sens de la langue de départ. Il est une traduction littérale de la langue source qui intègre le sens étranger sous une forme nouvelle obtenue par la traduction dans la langue d'accueil. Le calque est en lien avec les emprunts surtout pour ce qui est de l'emprunt qui a trait au sens et à la traduction, c'est-à-dire l'emprunt sémantique.

1.2 Le cadre méthodologique

Pour vérifier les hypothèses, nous avons suivi une démarche méthodologique. Dans un premier temps, nous avons exploité les manuels scolaires pour inventorier les différents emprunts en mooré et en dioula en usage dans les écoles primaires bilingues. Dans un second temps, nous avons exploité l'environnement scolaire pour l'étude de ces emprunts.

A la suite de ce travail, en plus de cinq séquences de classe suivies, nous avons eu des entretiens avec une dizaine d'enseignants et cinq encadreurs pédagogiques afin de recueillir leur point de vue sur le facteur favorable ou défavorable des emprunts attestés dans les manuels dans l'enseignement-apprentissage de leurs étymons en vocabulaire français.

L'objectif visé à travers une telle enquête c'est de récolter les avis des uns et des autres sur la présence des emprunts attestés en langues nationales mooré et dioula dans les manuels scolaires et d'analyser la possibilité de leur exploitation en leçons de vocabulaire français dans les écoles primaires bilingues. Pour le présent article, nous faisons à la fois une approche descriptive et synchronique dont les résultats pourraient servir en didactique du vocabulaire français.

2. La taxonomie et les domaines des emprunts

2.1. La taxonomie des emprunts

De l'examen des manuels scolaires, nous distinguons deux types d'emprunts : l'emprunt lexical ou de forme et l'emprunt sémantique ou de sens.

Les emprunts lexicaux

On parle d'emprunt lexical lorsqu'il y a introduction dans une langue donnée d'un trait ou d'une unité linguistique qui n'existait pas auparavant dans le lexique de cette langue et qui provient d'une autre langue. Les emprunts lexicaux examinés ici correspondent à des emprunts d'unités lexicales françaises employées dans le système linguistique du mooré ou du dioula.

Tableau n°1 : *quelques emprunts lexicaux en mooré et en dioula et leurs étymons en français*

N° d'ordre	Langues nationales	Emprunts	Etymons en français
1		Elikoptɛɛre [elikɔptɛːre]	Hélicoptère
2	Mooré	Farmasi [farmãsi]	Pharmacie
3		Kolera [kolera]	Choléra
4		Bɔnbɔn [bɔ̃bɔ̃]	Bonbon
5	Dioula	Balɔn [balɔ̃]	Ballon
6		Dekalitiri [dekalitiri]	Décalitre

Sources : emprunts extraits des manuels en mooré et en dioula des 1re, 2e et 3e années bilingues.

- Les emprunts sémantiques

On parle d'emprunt sémantique lorsque le terme emprunté est traduit littéralement de la langue source à la langue d'accueil. Nous retrouvons ce type d'emprunts principalement dans les livres de langage Tomes I et II (Cf. MENA, 2003 j et 2003 k).

Tableau n°2 : quelques emprunts sémantiques en mooré et en dioula et leurs équivalents en français

Expressions en français	Emprunts sémantiques mooré	Emprunts sémantiques dioula
Bonjour, Issa !	Yibeoogo, Isa !	I ni sɔgɔma Isa !
Bonsoir, Issa !	Zaabre, Isa !	I ni wula, Isa !
Bonjour Moussa. Comment vas-tu ?	Yibeoogo, Musa. F yũis gãase ?	I ni sɔgɔma Musa. I ka kɛnɛ wa ?
Léa, viens devant.	Leya, wa taoore.	Leya, na ɲafɛ.
Merci beaucoup, maman !	Bark wʊsgo, m ma !	I ni ce kosɔbɛ, nna !

Sources : emprunts sémantiques extraits des manuels de langage Tome I et II en 1re année bilingue.

En résumé, nous retenons que les emprunts lexicaux sont les plus fréquents et les plus nombreux dans les manuels scolaires. Ces manuels contiennent peu d'emprunts sémantiques. Le mooré et le dioula empruntent-ils au français par nécessité ou juste pour le luxe ?

- *Les emprunts de nécessité*

Un emprunt devient une nécessité quand on veut exprimer une idée et qu'on ne trouve pas le mot adéquat pour le faire dans la langue cible. Dans ce cas, comme c'est pour combler un vide lexical dans la langue emprunteuse, on fait appel à des lexies d'une langue prêteuse pour exprimer les nouvelles réalités qui se présentent aux locuteurs mooréphones et dioulaphones. Ce sont des emprunts nécessaires, sinon indispensables, d'où leur nom d'emprunts de nécessité. Nous citons dans le corpus les illustrations suivantes :

Mooré : meeri [mẽ:ri] ''mairie'' ; kilogaraam [kilogara:m] ''kilogramme'' ; mikorskop [mĩkɔrskɔp] ''microscope'' ; televizõ [televizõ] ''télévision'' ; elikoptɛɛre [elikɔptɛ:re] ''hélicoptère'', etc.

Dioula : siniman [sinĩmã] ''cinéma'' ; polisiw [polisiw] ''policiers'' ; kiriyɔn [kirijɔ̃] ''crayon'' ; tɛrɛn [tɛrɛ̃] ''train'' ; wagɔn [wagɔ̃] ''wagon'', etc.

- *Les emprunts de luxe*

L'emprunt de luxe, lui, désigne un mot emprunté et dont le synonyme existe déjà dans la langue emprunteuse. Le locuteur effectue un choix entre deux synonymes et il préfère employer l'unité appartenant à « la langue de prestige ». En d'autres termes, l'emprunt de luxe a déjà un équivalent dans la langue d'accueil qui décrit la réalité que le locuteur veut exprimer et celui-ci aurait pu ne pas emprunter à la langue source. L'emprunt de luxe ou emprunt par snobisme est souvent dû à la paresse du sujet parlant. Au lieu d'utiliser dipẽ [dipẽ], emprunté du français ''du pain'', le locuteur mooréphone pouvait utiliser directement buri [buri] qui désigne le ''pain'' dans sa langue. Il en est de même pour les emprunts suivants dont leurs synonymes existent déjà en mooré : kado [kado] = kũuni [kũ:nĩ] ''cadeau''; biskalɛt [biskalɛt] = kut weefo [kut we:fo] ''bicyclette''; lakurs [lakurs] = zoeese [zoe:se] ''la course'' ; dimaasã [dimã:sã]= vʋʋsg daare [vʋ:sg da:re] ''dimanche'' ; zãviye [zãvije] = yʋʋm-vẽkre kiuugu   [jʋ:m vẽkre kⁱiu:gu] ''janvier''.

- *Les emprunts et les classes lexicales*

Les classes lexicales des emprunts rencontrés dans les manuels examinés sont les noms, les verbes et les adjectifs.

Les noms constituent la catégorie la plus fréquente dans le corpus, car dans ces manuels, ils sont plus empruntés que les autres catégories linguistiques des mots. Les exemples de noms empruntés sont :

- **Les noms propres** : a Maryʋʋs [a mãrjʋ:s] ; a Arsɛnde [a arsɛnde] ; a Ameli [a ameli] ; a Viktorind [a viktorind] ; Afirik [afirik] ; Kodenvoaare [kodẽvɔa:re] ; Fãrens [fãrens] ; Ãngilin-tẽng [ãŋgilin tẽŋg] ; Maari [mã:ri] ; Zerɔmu [zerɔmu] ; Zozɛfu [zozɛfu] ; Zizɛli [zizɛli].
- **Les noms communs** : montɛɛre [mõntɛ:re] ; masõ [mãsõ] ; sɪkre [sɪkre] ; mansɪ̃n [mãsɪ̃n] ; sukaro [sukaro] ; buteli [buteli].
- **Les noms abstraits** : retaare [reta:re] ; minit [mĩnɪt] ; atmofɛɛr [atmõfɛ:r] ; kʋʋrã [kʋ:rã] ; goosneerã [gɔ:sne:rã].

- **Les noms concrets** : ãmpulli [ãpuli] ; gitaar [gita:r] ; keryõ [kerjõ] ; tamati [tamati] ; baranda [baranda] ; tɔli [tɔli].

- **Les noms animés** : koafɛɛrã [kɔafɛ:rã] ; tayɛɛre [tajɛ:re] ; a Valɛɛre [a valɛ:re] ; Valeri [valeri] ; Zozɛfu [zozɛfu].

- **Les noms inanimés** : laposdẽ [lapɔsdẽ] ; bõmbõ [bõbõ] ; roaaba [rɔa:ba] ; butik [butik] ; butelidatugunan [butelidatugunã] ; tabali [tabali].

- **Les noms comptables** : kagtõ [kagtõ] ; orãensã [orãnsã] ; dekalɪtre [dekalɪtre] ; kaaro [ka:ro] ; pãlãnse [pãlãse] ; karitɔn [karitõ].

- **Les noms non comptables** : petroll [petrɔl] ; kolera [kolera] ; sayɛlle [sajɛle] ; karensĩ [karẽsĩ] ; tabã [tabã] ; esansi [esãsi].

- **Les noms avec adjectifs** : lise tɛknikã [lise tɛknĩkã] ; mangɪ-gerefe [mãgɪ gerefe] ; bik-miuugu [bik mĩũ:gu].

- **Les noms composés** : poliis-rãmbã [poli:s rãmbã] ; papaye-tʊgã [papaje tʊ:gã] ; rõmpõe [rõpõẽ] ; foto-yõagda [foto jõagda] ; butel-lim [butel lim] ; dɔgɔtɔrɔso [dɔgɔtɔrɔso] ; sukarobanatigiw [sukarobanatigiw] ; esansibondo [esãsibõdo] ; balɔntalaw [balõtalaw] ; bitikitigi [bitikitigi].

- **Les noms composés avec l'article collé à la première particule** : lakɛrɛ-raoogo [lakɛrɛ raogo] ; lakɔlimɛtiri [lakɔlimɛtiri] ; lakɔliden [lakɔliden] ; lakɔliwili [lakɔliwili] ; lakɔlibila [lakɔlibila] ; lakɔlidensomɔgɔ [lakɔlidensomɔgɔ].

- **Les groupes nominaux** : logtor poaka [lɔgtor pɔaka] ; lakɛrɛ raoogo [lakɛrɛ raogo] ; taksi sofɛɛre [taksi sofɛ:re] ; parfẽ boata [parfẽ bɔata] ; wiski butɛl [wiski butɛl] ; logtor yiya [lɔgtor jija] ; bisiki pakɛ [bisiki pakɛ] ; sukaro pakɛ [sukaro pakɛ] ; makɔrɔnin pakɛ [makɔrɔnin pakɛ].

- **Les groupes nominaux avec l'article collé au premier nom** : lekollã dirɛktɛɛr [lekɔlã dirɛktɛ:r] ; lekoll biigã [lekɔl bi:gã] ; lekollã sɛba [lekɔlã sɛba] ; lekoll korgo [lekɔl korgo] ; lakɔliso [lakɔliso] ; lakɔliso magazɛn [lakɔliso magazẽ].

- **Les noms et leurs articles écrits en un mot** : lempo [lẽmpo] "l'impôt" ; dipẽ [dipẽ] "du pain" ; lɛɛre [lɛ:re] "l'heure" ; lekzameẽ [lekzamẽ] "l'examen" ; lekolle [lekɔle] "l'école" ; lapelle [lapɛle] "l'appel" ; lakɛrɛ [lakɛrɛ] "la craie" ; lakurs [lakurs] "la course" ; lozĩnde [lozĩde] "l'usine" ; divẽ [divẽ] "du vin" ; lakɔli [lakɔli] "l'école" ; lakirɛ [lakirɛ] "la craie".

Les verbes empruntés attestés dans les manuels en usage dans les écoles primaires bilingues sont au nombre de 3. Ce sont : peese [pe:se] ''peser'' ; vɔti [vɔti] ''voter'' ; balɔntan [balɔ̃tã] ''jouer au ballon''.

Les adjectifs sont aussi une catégorie présente dans le corpus. Les adjectifs repérés sont des adjectifs qualificatifs reliés aux noms qu'ils qualifient par un trait d'union. D'autres ne sont pas reliés au nom. Nous distinguons 3 adjectifs qualificatifs empruntés qui sont : mangɪ-gerefe [mãgɪ gerefe] ''mangue greffée'' ; bik-miuugu [bik mĩũ:gu] ''bic rouge'' ; lise tɛknikã [lise tɛknĩkã] ''lycée technique''.

- *Les emprunts communs aux langues nationales mooré et dioula*

Nous avons relevé dans le corpus des emprunts communs au mooré et au dioula. Ce sont des lexies qui ont « le même étymon et employées dans les deux langues sous une forme ou une autre » (A. Kéïta, 2011, p. 242).

Les emprunts identiques en graphie et en phonétique

Trois emprunts ont une même phonétique et une même graphie en mooré et dioula. Il s'agit d'abord de ''papaye'' qui a gardé la même graphie dans les trois langues : mooré, dioula et français. La prononciation est identique dans les deux langues nationales puisque le [e] finale se lit [é]. Il y a aussi tiyo [tijo] qui a la même graphie et la même phonétique en mooré et en dioula et qui désigne ''tuyau'' en français. Ensuite, gato [gato] ''gateau'' a la même écriture et la même prononciation en mooré, en dioula et en français. Toutefois, dans la graphie, le [eau] final du français n'existant pas dans les langues nationales, il est donc remplacé par son équivalent [o] comme aussi au niveau de la finale de tiyo [tijo] ''tuyau'' évoqué plus haut. Enfin, foto [foto] ''photo'' aussi a la même phonétique dans les trois langues. Mais, en orthographe, le [ph] du français n'existant pas en langues nationales mooré et dioula, il est remplacé par son équivalent qui est [f] au début du mot.

Les emprunts identiques en phonétique

Certains emprunts attestés ont la même phonétique en mooré et en dioula mais leur graphie est différente. La différence des graphies de ces emprunts entre les deux langues s'explique par le fait que le son [on] en français est représenté par [õ] en mooré et par [ɔn] en dioula puisque le dioula n'a pas de voyelle nasale.

<u>Mooré</u> : bõmbõ [bõbõ] "bonbon" ; wagõ [wagõ] "wagon" ; kamyõ [kamjõ] "camion"; televiizõ [televi:zõ] "télévision".

<u>Dioula</u> : bɔnbɔn [bõbõ] "bonbon" ; wagɔn [wagõ] "wagon" ; kamiɲɔn [kamiɲõ] "camion" ; televizɔn [televizõ] "télévision".

Les emprunts différents en phonétique et en graphie

Le [ɔ] n'existant pas en mooré, il est remplacé par [ao] dans certains emprunts. Taonda [taõda] en mooré et tɔni [tɔni] en dioula sont employés pour désigner la "tonne" et boate [bɔate] en mooré et bwati [bwati] en dioula pour la "boîte".

Dans d'autres emprunts, la remarque qui se dégage est que le dioula est une langue qui fonctionne par syllabe. Pourtant, le mooré tolère la succession consonantique : tolle/tɔli [tole]/[tɔli] "tôle"; lekolle/lakɔli [lekɔle]/[lakɔli] "école"; sĩnma/siniman [sĩnmã]/[sinimã] "cinéma"; biskui/bisiki [biskui/[bisiki] "biscuit"; dekalıtre/dekalitiri [dekalıtre]/[dekalitiri] "décalitre".

Nous avons même rencontré en mooré un emprunt avec une succession de 3 consonnes : mikorskop [mĩkɔrskɔp] "microscope". Il y a aussi des emprunts en mooré qui se terminent par une consonne ou qui contiennent des voyelles longues, des voyelles nasalisées, ce que le dioula n'admet pas. Les mots sont toujours formés de syllabes avec des voyelles simples dans la langue nationale dioula : sıgaar/sigarɛti [sıga:r]/[sigarɛti] "cigarette" ; minit/miniti [mĩnĩt]/[miniti] "minute" ; karot/karoti [karɔt]/[karoti] "carotte" ; butik/bitiki [butik]/[bitiki] "boutique" ; garaam/garamu [gara:m]/[garamu] "gramme" ; esãas/esansi [esã:s]/[esãsi] "essence".

Quelques anthroponymes communs aux deux langues

Tableau n° 3 : anthroponymes communs au mooré et au dioula

N° d'ordre	Emprunts mooré	Emprunts dioula	Etymons
1	A Musa [a mũsa]	Musa [musa]	Moussa
2	A Fati [a fati]	Fati [fati]	Fati
3	A Toma [a tomã]	Toma [toma]	Thomas
4	A Maari [a mã:ri]	Mari [mari]	Marie
5	A Polind [a polind]	Polini [polini]	Pauline

Les anthroponymes communs au mooré et au dioula désignent aussi bien des hommes que des femmes et prennent en compte deux religions : le christianisme et l'islam. Musa [musa] ''Moussa'' est un nom musulman d'homme et Polini [polini] ''Pauline'' est un nom chrétien de femme. Certains anthroponymes ont la même graphie et la même phonie dans les deux langues : Fati [fati] ''Fati'', Toma [tomã] ''Thomas'', etc. Mais en mooré, le nom propre est toujours précédé de la préposition [a].

La taxinomie des emprunts communs aux deux langues

Deux types d'emprunts sont communs au mooré et au dioula : les emprunts lexicaux et les emprunts sémantiques.

- Les emprunts lexicaux sont : tolle/tɔli [tole]/[tɔli] ''tôle'' ; sɩgaar/sigarɛti [sɩga:r/[sigarɛti] ''cigarette'' ; bidu/bidɔn [bidu]/[bidɔ̃] ''bidon'' ; sɩro/siro [sɩro]/[siro] ''sirop'' ; nivakindi/nivakini [nĩvakĩdi]/[nivakini] ''nivaquine''.
- Les emprunts sémantiques sont : biskui pakɩ/bisiki pakɛ [biskui pakɩ]/[bisiki pakɛ] ''paquet de biscuits'' ; sɩkr pakɩ/sukaro pakɛ [sɩkr pakɩ]/[sukaro pakɛ] ''paquet de sucre'' ; sɩgaar pakɩ/sigarɛti pakɛ [sɩga:r pakɩ]/[sigarɛti pakɛ] ''paquet de cigarettes''.

2.2 *Les domaines des emprunts*

Dans les manuels scolaires, plusieurs domaines ont fourni des emprunts au mooré et au dioula par nécessité. Les exemples d'emprunts attestés relèvent principalement des domaines suivants :

- **Le domaine de l'éducation et de l'enseignement** : lekolle [lekɔle], dirɛktɛɛrã [dirɛktɛ:rã], mɛtrɛɛsã [mɛtrɛ:sã], sãntimetre [sãtimɛtre], hegtolɪtre [ɛgtolɪtre], ardoaasã [ardɔa:sã], keryõ [kerjõ], papiye [papije].
- **Le domaine de l'alimentation** : tomaat [tomã:t], bõmbõ [bõbõ], mangɪ [mãgɪ], biskui [biskui], karot [karɔt], karotã [karɔtã], orãensã [orãnsã], goyaaka [goja:ka], gato [gato], kafe [kafe], supɔnpe [supõpe], pɔmitɛri [põmitɛri].
- **Le domaine du commerce** : butik [butik], boate [bɔate], faktɪʋʋre [faktɪʋ:re], petroll [petrɔl], sɪkr pakɪ [sɪkr pakɪ], sɪgaar pakɪ [sɪga:r pakɪ], alimet pakɪ [alimɛt pakɪ], lempo [lɛmpo], bãnke [bãke], foaare [fɔa:re], luzini [luzinĩ], mansin [mãsĩn].
- **Le domaine du transport** : montɛɛre [mõntɛ:re], mobilli [mõbili], mobilɛt [mõbilɛt], sarɛte [sarɛte], biskalɛt [biskalɛt], kamyõ [kamjõ], tẽre [tẽrẽ], elikoptɛɛre [elikɔptɛ:re], sofɛɛrã [sofɛ:rã], kamyõ [kamjõ], tɛrɛn [tẽrẽ], kamiɲɔn [kamĩɲõ].
- **Le domaine des métiers** : mikãnisẽ [mĩkãnĩsjẽ], masõ [mãsõ], tayɛɛre [tajɛ:re], logtore [lɔgtore], logtor poaka [lɔgtor pɔaka], mininze [mĩnĩze], poliis-rãmbã [poli:s rãmbã], taksi sofɛɛre [taksi sofɛ:re], koafɛɛrã [kɔafɛ:rã], foto-yõagda [foto jõagda], dɔgɔtɔrɔ [dɔgɔtɔrɔ].
- **Le domaine de la santé** : kolera [kolera], logtor yiri [lɔgtor jiri], farmasi [farmãsi], nivakindi [nĩvakĩdi], nivakini [nivakini], mustikɛɛr [mũstikɛ:r], kolorokindi [kolorokĩdi], mikoroob [mĩkɔrɔ:b], mikorskop [mĩkɔrskɔp], dɔgɔtɔrɔso [dɔgɔtɔrɔso].
- **Le domaine de la religion** : a labe [a labe], kɪre [kɪ:re], meesã [mẽ:sã], kʋrwa [kʋrwa], dimaasã [dimã:sã], kiris-nebã [kiris nẽbã], nowɛll [nɔwɛl], nowellã raare [nõwɛlã ra:re], koralle [korale].
- **Le domaine des noms propres** : a Rene [a rene], a Valeri [a valeri], a Sidoni [a sidonĩ], a Emill [a emĩl], a Fidɛlle [a fidɛle], Kodenvoaare [kodẽvɔa:re], Wot-Voalta Repibliki [wɔt vɔalta repibliki], Afirik [afirik], Poli [poli], Zozɛfu [zozɛfu], Zerɔmu [zerɔmu].

- **Le domaine des sports et loisirs** : ball reem [bal reːm], balle [bale], marɛlle [mãrɛle], marɛll [mãrɛl], biyy [bij], sĩnma [sĩnmã], kermeesẽ [kɛrmẽːsẽ], zimnastiki [zimnãstiki], teyatre [tejatre], gitaar [gitaːr], balɔn [balɔ̃].
- **Le domaine de la communication** : raadyo [raːdjo], televizõ [televizɔ̃], tele [tele], laposdẽ [lapɔsdẽ], telfonde [telfɔ̃de].
- **Le domaine militaire** : saare [saːre], mitrayɛɛrã [mĩtrajɛːrã], bõmbe [bɔ̃be], pãlã [pãlã], kapitɛn [kapitɛn], dinamitã [dinãmĩtã].
- **Le domaine de l'administration** : depagtema [depagtemã], sɛgtɛɛr [sɛgtɛːr], komind [komĩd], meeri [mẽːri], delege [delege], porvẽns [pɔrvẽs], guvɛrneere [guvɛrnẽːre], depite [depite], kãntõ [kãntɔ̃], sɛrkl [sɛrkl].

Le domaine le plus pourvoyeur d'emprunts est celui de l'éducation et de l'enseignement. En somme, il y a une taxonomie variée d'emprunts attestés du mooré et du dioula au français dans les manuels des écoles primaires bilingues.

3. La description des procédés d'intégration des emprunts attestés en mooré et en dioula

Pour J.-F. Hamers et M. Blanc (1983, p. 79), « des emprunts adaptés sont des mots empruntés, qui ont été modifiés conformément au lexique de la langue emprunteuse afin de rentrer dans une catégorie grammaticale déterminée ». Ainsi, les mots empruntés, venant d'une autre langue, s'intègrent dans le système linguistique de la langue d'accueil en s'adaptant aux règles phonologiques, morphologiques, syntaxiques, lexicologiques et/ou sémantiques de cette langue emprunteuse.

3.1 L'adaptation phonétique et phonologique

L'intégration phonétique consiste à remplacer le phonème qui n'existe pas dans la langue emprunteuse par un autre qui y existe. Dans ce sens, C. Loubier (2011, p. 49-50) considère que l'adaptation phonétique est opérée

> [...] par la suppression des phonèmes inexistants en français ou par le remplacement de ces phonèmes par des phonèmes français qui s'en rapprochent le plus.

Elle facilite la prononciation des emprunts par les locuteurs natifs de la langue emprunteuse. En empruntant des lexies françaises, les mooréphones et les dioulaphones remplacent les graphes qui n'existent pas dans leur langue maternelle par des graphes qui sont proches afin de pouvoir les prononcer.

En mooré par exemple, l'adaptation phonétique est marquée par :

- Le graphe [ch] n'existant pas en mooré, il est donc remplacé dans l'emprunt par le graphe le plus proche qui est [s]: sofɛɛrã [sofɛ:rã] ''chauffeur'' ; simiisi [simĩ:si] ''chemise'' ; su [su] ''chou'' ; pãlãnse [pãlãse] ''planche'' ; sasɛ [sasɛ] ''sachet'' ;
- Le graphe [ge] en français est remplacé par [s], [se] ou [sã] dans l'emprunt en mooré : kolɛɛs [kolɛ:s] ''collège'' ; sıraas [sıra:s] ''cirage'' ; epõose [epõ:se] ''éponge'' ; baraase [bara:se] ''un barrage'' ; giryaasã [girja:sã] ''le grillage'' ; orãensã [orãnsã] ''les oranges'' ;
- Les graphes [gi], [ju] et [gy] en français sont remplacés par [zi] dans les emprunts en mooré : zimnastiki [zimnãstiki] ''gymnastique'' ; zip [zip] ''jupe'' ; buuzi [bu:zi] ''bougie'' ;

- Les graphes [ion], [tion] et [sion] en français sont remplacés respectivement par [yõ], [sõ] et [zõ] dans les emprunts en mooré : kamyõ [kamjõ] ''camion'' ; keryõ [kerjõ] ''crayon'' ; resitasõ [resitasõ] ''récitation'', televiizõ [televi:zõ] ''télévision'' ; sibdiviizõ [sibdivi:zõ] ''subdivision'' ;
- Le graphe [ar], [oc] et [ec] en français sont remplacés respectivement par les sons [ag], [og] et [eg] ou [ɛg] dans les emprunts : kagtõ [kagtõ] ''carton'' ; depagtma [depagtmã] ''département'' ; logtor [lɔgtor] ''docteur, infirmier'' ; hegtogaraam [ɛgtogara:m] ''hectogramme'' ; sɛgtɛɛr [sɛgtɛ:r] ''secteur'' ;
- Pour les graphes [gr], [cr], [br], [tr], [pr], [cl], [pl], [gl] en français, une voyelle est placée entre les deux consonnes pour faciliter la prononciation au locuteur mooréphone : garaam [gara:m] ''gramme'' ; dekagaraam [dekagara:m] ''décagramme'' ; mikoroob [mĩkɔrɔ:b] ''microbe'' ; lakɛrɛ [lakɛrɛ] ''la craie'' ; burwɛte [burwɛte] ''brouette'' ; birkɛ [birkɛ] ''briquet'' ; tẽrã [tẽrã] ''le train'' ; tẽre [tẽrẽ] ''train'' ; porvẽns [pɔrvẽs] ''province'' ; kolorokindi [kolorokĩdi] ''chloroquine'' ; kɩle [kɩle] ''clé'' ; pãlãnse [pãlãse] ''planche'' ; pãlã [pãlã] ''plan'' ; palafõ [palafõ] ''plafond'' ; galaas [gala:s] ''glace'' ;
- L'emprunt peut remplacer le [r] de la lexie source par un [d] car en mooré, [r] et [d] sont des variantes libres : desoaar [desɔa:r] ''ressort'' ;
- Il y a aussi l'ajout du [e] au début de la lexie pour faciliter la prononciation des emprunts commençant par [st] en mooré : estati [estati] ''statue'' ; estop [estɔp] ''stop''.

En dioula, l'adaptation phonétique est marquée par l'ajout de voyelles au début et entre les deux premières consonnes de l'emprunt dont l'étymon commence par [sp] : ɛsipɔri [ɛsipɔri] ''sport''. Elle est aussi marquée par le graphe [sion] en français qui est remplacé par [zɔn] dans les emprunts : televizon [televizõ] ''télévision''.

3.2 L'adaptation morphosyntaxique

L'adaptation morphosyntaxique consiste à appliquer aux mots empruntés les règles grammaticales de la langue d'accueil. Dans cette adaptation, on emprunte généralement le mot sans connaître les règles de dérivation, de pluralisation, de conjugaison, ... de la langue originelle du mot emprunté. Dans l'adaptation morphosyntaxique, nous nous intéressons surtout à la petite syntaxe telle que l'affixation, la pluralisation, etc. Par le facteur de la

pluralisation, les mots suivants ont subi une adaptation morphosyntaxique.
« Les substantifs connaissent plusieurs marques du pluriel en mooré » (A.
Kéïta, 2000, p. 214).

Tableau n° 4 : exemples de pluralisation des emprunts en mooré

N° d'ordre	Mot en français	Emprunt en mooré au singulier	Emprunt en mooré au pluriel
1	Tôle	Tolle [tole]	Tollse [tolse]
2	Mécanicien	Mikãnisẽ [mĭkãnĭsjẽ]	Mikaninsẽembã [mĭkãnĭsjẽ:mbã]
3	Tailleur	Tayɛɛre [tajɛ:re]	Tayɛɛr-dãmbã [tajɛ:r dãmbã]
4	Infirmier	Logtore [lɔgtore]	Logtoɛɛmbã [lɔgtoẽ:mbã]
5	Dispensaire	Logtor yiri [lɔgtor jiri]	Logtor yiya [lɔgtor jija]

A partir du tableau ci-dessus, nous remarquons qu'en mooré, plusieurs
terminaisons sont rencontrées au pluriel. Mais en dioula, le pluriel des mots
est marqué par l'ajout du [w] à la finale de l'emprunt.

Tableau n° 5 : exemples de pluralisation des emprunts en dioula

N° d'ordre	Mot en français	Emprunt en dioula au singulier	Emprunt en dioula au pluriel
1	Panneau	Pano [pano]	Panow [panow]
2	Policier	Polisi [polisi]	Polisiw [polisiw]
3	Capsule	Butelidatugunan [butelidatugunã]	Butelidatugunanw [butelidatugunãw]
4	Mangue	Mangoro [mãgoro]	Mangorow [mãgorow]
5	Elève	Lakɔliden [lakɔliden]	Lakɔlidenw [lakɔlidenw]

Avec l'adaptation morphosyntaxique, l'emprunt s'adapte à la structure syllabique du mooré et du dioula. Ainsi en mooré, il est admis de toujours ajouter une voyelle d'appui au début des lexies françaises empruntées qui commencent par [st] : "statue" = estati [estati] ; "stop" = estop [estɔp].

Le dioula étant une langue syllabique, il respecte aussi cette règle surtout pour les lexies françaises empruntées et qui commencent par [r] car aucun mot dioula ne commence par cette vibrante : "radio" = arajo [arajo] ; "règle" = ɛrɛgili [ɛrɛgili].

En plus, les mots dioula n'admettent pas une succession consonantique et ne se terminent pas par une consonne : pilansi [pilãsi] "planche" ; sukaro [sukaro] "sucre" ; visi [visi] "vis" ; ɛsipɔri [ɛsipɔri] "sport". Enfin, en mooré, il peut y avoir une troncation du suffixe français dans l'emprunt. C'est le cas de "cigarette" qui devient sɪgaar [sɪga:r], de "ballon" qui devient balle [bale].

3.3 L'adaptation graphique ou orthographique

L'adaptation graphique consiste à écrire le mot emprunté suivant les règles de la langue emprunteuse en vue de faciliter son écriture aux locuteurs natifs de la langue d'accueil. C'est l'exemple des mots foto [foto] "photo" et gato [gato] "gâteau"pour le mooré et le dioula. En effet, dans foto [foto], [ph] du français est remplacé par [f]. Dans gato [gato], [eau] du français est substitué par [o] qui est le graphe connu dans les deux langues nationales. En langue nationale mooré, [f] a remplacé [ph] dans les emprunts suivants : farmasi [farmãsi] "pharmacie", telfonde [telfõde] "téléphone". Dans ce cas, l'orthographe du mot d'origine n'est pas respectée. Toutefois, certains emprunts ont gardé leurs formes lors du passage à la langue d'accueil (midi [midi], zero [zero], pelle [pele], sida [sida], papaye [papaje], montre [mõntre]) tandis que d'autres ont subi des modifications pour s'installer dans la langue d'accueil (valiisi [vali:si], tomaato [tomã:to], armoaar [armõa:r], zimnastiki [zimnãstiki]). Généralement, le locuteur écrit le mot comme il le prononce sans respecter sa graphie originale ni connaître les règles d'orthographe de la langue source.

3.4 L'adaptation sémantique

De l'avis de L. Deroy (1956, p.18), « l'emprunt d'un mot entraîne aussi parfois des modifications sémantiques ». Dans l'adaptation sémantique, le mot emprunté peut avoir un sens restreint, étendu ou un sens complètement différent de celui de la langue d'origine. L'adaptation sémantique se fait suivant trois manières qui sont : la restriction de sens, l'extension de sens et la spécification.

- *La restriction de sens*

Il y a restriction de sens lorsque le mot emprunté désigne une notion particulière et spécifique tandis que ce même mot peut être signifiant d'une idée plus large de la langue pourvoyeuse. Selon Le Petit Larousse Illustré de 2012, le mot ''barrage'' a trois sens. D'abord, il désigne l'action de barrer le passage, de faire obstacle. Ensuite, il est une soudaine interruption dans le cours de la pensée, dans la réalisation d'un acte. Enfin, le terme ''barrage'' représente un ouvrage artificiel coupant le lit d'un cours d'eau pour assurer la régulation, et servant à alimenter les villes en eau, à irriguer les cultures ou à produire de l'énergie.

L'emprunt baraasã [bara:sã] en mooré ne désigne qu'uniquement le troisième sens donné par la langue française.

Kuran [kurã] en dioula est un emprunt du mot français ''courant''. Dans Le Petit Larousse Illustré de 2012, ''courant'' a plusieurs sens. Il est aussi bien ce qui est habituel, ordinaire que ce qui n'est pas terminé au moment où on parle, ce qui est en cours. ''Courant'' désigne également le mouvement d'une masse d'eau dans tel ou tel sens, le mouvement de l'air dans une direction, le mouvement de personnes ou de choses dans une même direction, le flux ou le mouvement d'idées, de tendances. Le ''courant'' représente aussi le déplacement de charges électriques dans un conducteur. C'est en outre la tendance au sein d'un parti politique, d'une organisation ou encore l'écoulement d'une période donnée, le cours du temps.

Le dioula, en empruntant le mot français ''courant'', a réduit son sens au « *déplacement de charges électriques dans un conducteur* ».

- *L'extension de sens*

Elle consiste à donner au mot emprunté un sens plus large que celui de la langue emprunteuse. Elle se fait par l'ajout au sens initial de nouveaux traits conceptuels, en passant d'un terme spécifique à un terme générique. Cette relation des sens dépend principalement des besoins de la langue cible. Nous n'avons pas rencontré dans le corpus des emprunts qui se sont adaptés par le biais de l'extension de sens.

- *La spécification*

La spécification, c'est le cas où les mots empruntés auraient une signification tout à fait différente de celle de la langue originelle. Notre corpus ne contient pas ce genre d'emprunts. De façon générale, l'adaptation sémantique des emprunts dans les manuels en usage dans les classes bilingues s'est faite à travers la restriction de sens. En résumé, l'intégration des emprunts attestés du mooré et du dioula au français a été faite à travers des adaptations phonétiques, graphiques, morphosyntaxiques et sémantiques.

4. Le traitement des emprunts lors de l'enseignement-apprentissage du vocabulaire

Les leçons observées n'ont pas porté sur les étymons des emprunts en mooré et en dioula. Ce qui ne permet pas d'apprécier l'apport des emprunts dans la facilitation des acquisitions lexicales de leurs étymons. Néanmoins, des enquêtes auprès des enseignants et des encadreurs, il ressort que la proximité phonétique, graphique, morphologique et sémantique de l'emprunt en mooré et en dioula avec son étymon en français constitue un facteur favorable lorsque ce dernier fait l'objet d'enseignement-apprentissage en vocabulaire. En effet, l'emprunt renferme déjà un premier sens de l'étymon et les apprenants comprennent vite ce sens. La phonétique, la morphologie et la graphie, même si elles sont différentes entre l'emprunt et l'étymon, les changements phonétiques et orthographiques ne sont pas très grands. Il reste maintenant à ajuster l'articulation et l'orthographe correcte, à ajouter les autres sens s'il en possède plusieurs et enfin à préciser son emploi correct dans une phrase. Comment alors traiter les emprunts lors de l'enseignement-apprentissage de leurs équivalents en vocabulaire français? Prenons l'exemple sur l'étude de la lexie ''barrage'' en vocabulaire français. Texte de base : le Maire a construit un grand <u>barrage</u> dans la commune.

Lecture et compréhension du texte

L'enseignant fait lire le texte et pose des questions de compréhension aux élèves : qu'est-ce que le Maire a construit ? Où est-ce qu'il a construit le grand barrage ? Y-a-t-il des mots difficiles à comprendre dans le texte hormis le mot souligné ?

Le traitement phonétique

- L'enseignant fait lire le mot souligné et demander aux élèves comment on l'appelle en L1 ;

- Est-ce que les 2 mots ont la même prononciation? baraase/barasi [bara:se]/[barasi] et ''barrage''

- Il fait répéter par beaucoup d'élèves le mot ''barrage''.

Le traitement graphique

- Il écrit au tableau ''barrage'' et baraase/barasi [bara:se]/[barasi] ;

- Il invite les élèves à bien observer les deux mots, à les écrire sur leurs ardoises et à dire les différences qu'ils constatent dans leur graphie ;

- Il attire l'attention des élèves sur la graphie dans les 2 langues:

- Barrage = 2 [r] et [ge] à la fin (français) ; baraase [bara:se] = 2 [a] et [se] à la fin (mooré) ; barasi [barasi] = 1 [r] et [si] à la fin (dioula).

- Il invite quelques élèves à épeler ''barrage'' sans regarder au tableau et sur les ardoises.

- Il fait lire l'emprunt et son étymon au tableau par des élèves.

Le traitement morphosyntaxique

- Quel est le genre et le nombre de ''barrage'' ? Quels sont les articles qui peuvent l'accompagner ? Genre : masculin singulier ; articles : le, un, du.

- Quel est le pluriel de ''barrage'' ? Pluriel : ''les barrages'', ''des barrages''.

- Quel est le pluriel de baraase/barasi [bara:se]/[barasi] en L1? Pluriel : baraas-rãmba/barasiw [bara:s rãmba]/[barasiw].

- Il attire l'attention des élèves sur la morphologie dans les 2 langues :

''barrages'' = ajout de [s] au pluriel (français) ; baraas-rãmba [bara:s rãmba] = élision de la voyelle finale, trait d'union et ajout du suffixe de certains mots étrangers au pluriel ; barasiw [barasiw] = ajout de [w] comme marque du pluriel.

- Il fait lire l'emprunt et son étymon au pluriel par quelques élèves.

Le traitement sémantique

- Il invite les élèves à expliquer dans leur L1 l'emprunt baraase/barasi [bara:se]/[barasi].

- Il invite les élèves à donner le sens en français de la lexie ''barrage''.

- Il invite les élèves à former des phrases en L1 avec baraase/barasi [bara:se]/[barasi].

- Il invite les élèves à former des phrases avec "barrage" en français.

Il est important de signaler que l'enseignant doit à chaque fois faire appel aux emprunts déjà étudiés en L1 pour favoriser l'acquisition de leurs étymons en L2. En somme, les emprunts attestés des langues nationales mooré et dioula constituent un facteur favorable dans l'enseignement-apprentissage du vocabulaire de leurs étymons en français.

5. Les propositions didactiques

Dans l'optique de développer la conscience lexicologique des élèves et de rendre plus efficient l'enseignement-apprentissage des emprunts en L2 et en L1, nous proposons l'établissement des répertoires bilingues (L1 et L2) d'emprunts « lexématiques ». Ce répertoire servira aussi bien aux apprenants qu'aux enseignants lors de l'enseignement-apprentissage du vocabulaire en français et aussi dans les autres disciplines scolaires.

Notre deuxième proposition consiste pour chaque enseignant de créer un espace bilingue (L1 et L2) dynamique des emprunts en classe. Dans l'organisation pédagogique d'une classe, les différents affichages fonctionnels concourent à l'acquisition et à la consolidation des connaissances scolaires. En d'autres termes, il s'agit de placer sur les murs des classes et au coin des tableaux, des affichages fonctionnels en lien avec les emprunts et leurs étymons. Ces affichages constituent dans la classe bilingue un mur de mots en L1 et en L2 en vue d'aider l'enseignant à rendre l'environnement lettré favorable aux apprentissages lexicaux. Ce mur de mots peut être élaboré à partir des mots et expressions déjà étudiés en classe en les rangeant dans l'ordre alphabétique, à partir des mots de la même famille.

Par ailleurs, une autre proposition est d'inviter les enseignants à toujours recourir au transfert des acquis de L1 à L2 en vue de mettre en relation les deux langues. Le transfert facilite l'apprentissage du français et réduit le temps d'apprentissage. Il peut être positif ou négatif. Le transfert positif ou encore transfert facile est celui qui facilite l'exploitation des connaissances de la L1 pour une acquisition de celles de la L2. Le transfert positif exploite les ressemblances qui existent entre l'emprunt et son étymon en français. Quant au transfert négatif ou transfert difficile, il exploite les dissemblances entre l'emprunt et son étymon en français. Les transferts positif et négatif s'observent en phonétique, en graphie, en syntaxe, en sémantique. L'éducation bilingue est un enseignement axé principalement sur le transfert.

Notre dernière proposition a trait à l'évaluation des apprentissages scolaires en lien avec les emprunts. Il s'agit de proposer aux enseignants des exercices de traduction ou de recherche d'équivalence de L2 vers L1 selon le type de faute ou d'erreur que leurs apprenants rencontrent.

<u>**Exercice 1**</u> : dans le tableau suivant et pour chaque langue nationale donnée, relie chaque emprunt à son équivalent en français.

Mooré		Dioula	
Emprunts	**Equivalents**	**Emprunts**	**Equivalents**
-Balle	Tonne	-Birike	Garage
-Bõmbõ	Numéro	-Bwati	Beurre
-Sɩgaare	Crayon	-Ekuru	Clé
-Limoro	Ballon	-Garasi	Boîte
-Taonda	Cigarette	-Kile	Briquet
	Tôle		Ecrou
	Bonbon		Bouteille

<u>**Exercice 2**</u> : trouve l'équivalent de chaque emprunt en français :

Mooré : sɩkr pakɩ ; giryaase ; lɩtre ; pãlã ; sĩnma.

Dioula : karɔti ; lanpa ; karamɛli ; buteli ; bidɔn.

<u>**Exercice 3**</u> : pour chaque mot suivant, donne son équivalent en langue nationale :

Pour le mooré : courant ; planche ; essence ; quintal ; radio.

Pour le dioula : désert ; drapeau ; brosse ; assiette ; abattoir.

<u>**Exercice 4**</u> : dans les phrases suivantes, remplace chaque emprunt en langue nationale mis entre parenthèses par son équivalent en français :

Pour le mooré : maman est allée au marché. Elle a acheté un (alimet pakɩ). Pendant ce temps, papa ramasse du sable avec une (burwɛte). Salif mange (dipẽ) avec du (formaase).

Pour le dioula : Doudou est au bord de (lamɛri). Il regarde de loin monter le (darapo). Son ami est au (garasi) avec sa voiture. Il veut faire serrer certains (ekuruw).

Il appartient à chaque enseignant d'adapter ces exercices au niveau et aux besoins de sa classe.

Conclusion

L'objectif de cette étude était, d'une part, de faire la description taxonomique puis lexicale des emprunts attestés dans les manuels scolaires en langues nationales mooré et dioula et, d'autre part, de faire des propositions didactiques pour faciliter l'acquisition de leurs équivalents français lors de l'enseignement-apprentissage du vocabulaire français. L'étude nous a permis de répertorier les emprunts attestés dans les manuels scolaires en langues nationales mooré et dioula en usage dans les classes bilingues. Cette analyse documentaire a révélé la taxonomie des emprunts qui comprend : l'emprunt lexical et l'emprunt sémantique. Les domaines des emprunts sont généralement le transport, le commerce, l'alimentation, l'éducation et l'enseignement, les métiers, la santé, etc. Les classes lexicales des emprunts répertoriés sont en majorité les noms, puis s'ajoutent quelques verbes et adjectifs. Les emprunts ont intégré le mooré et le dioula par l'entremise de plusieurs adaptations comme celles phonétique, graphique, morphosyntaxique et sémantique. Les emprunts constituent un enrichissement pour les langues nationales mooré et dioula en ce sens qu'ils viennent généralement combler un vide pour désigner de nouvelles réalités. Ils deviennent ainsi des emprunts de nécessité. Pour pallier les difficultés d'apprentissage du français par les interférences que les emprunts créent, nous avons montré comment se fait le traitement des emprunts lors de l'enseignement-apprentissage de leurs équivalents en vocabulaire français. Nous avons aussi fait des propositions didactiques. Elles permettront de corriger les erreurs de phonétique et de graphie des mots d'origine française et qui ont été intégrés au mooré et au dioula par le biais de l'emprunt. En termes de perspective, une réflexion sur les emprunts lexicaux contenus dans les dictionnaires mooré et dioula est à mener. Elle permettra de proposer aux encadreurs pédagogiques et aux enseignants des écoles primaires bilingues un répertoire d'emprunts, exploitable lors des leçons de vocabulaire aussi bien en langues nationales qu'en français.

Références bibliographiques

Assemblée nationale, 2010, *La Constitution du Burkina Faso*, Ouagadougou : Imprimerie du Journal Officiel.

DEROY L. 1956. *L'emprunt linguistique*, Paris, Les Belles Lettres, Books.

DUBOIS J. et al. 2001. *Dictionnaire de linguistique*. Paris : Larousse.

HAMERS J-F. et BLANC M. 1983. *Bilingualité et bilinguisme*, Bruxelles, Mardaga.

JEUGE-MAYNART I. et GIRAC-MARINIER C. et FLORENT J. 2012. *Le Petit Larousse Illustré en couleurs*, Paris : Larousse.

KEÏTA A. 2000. « Emprunts du français aux langues nationales : acceptabilité, intégration et traitement lexicographique. Cas du Burkina Faso », dans *Actes des 4èmes journées scientifiques du réseau : « Etude du français en francophonie »*, Les Presses de l'Université de Laval, pp. 209-220.

KEÏTA A. 2011. « Lexies communes aux langues nationales mooré et dioula : taxinomie et description », dans *Cahiers du CERLESH, Tome XXV, n° 37*, Université de Ouagadougou, pp. 241-259.

KEÏTA A. 2013. « Hybridation et productivité lexicale en français parlé au Burkina », dans *Revue électronique internationale de sciences du langage, Sudlangues, n° 19*, pp. 88-101.

LOUBIER C. 2011. *De l'usage de l'emprunt linguistique*, Montréal, Office québécois de la langue française.

MEBA 2003a. *D karem la d gʋls moore, pipi yʋʋmde, karen-biig sebre, Manuel de lecture 1re année en mooré*, Ouagadougou : OSEO.

MEBA 2003b. *Fãrend gom-biis kaorengo la a goam zãomsg sebre, yʋʋmd a 2 soaba, karen-biig sebre, Manuel de lecture et d'expression-compréhension pour les écoles bilingues, 2e année, Livre de l'élève, Version mooré*, Ouagadougou : OSEO, 3e édition.

MEBA 2003c. *Fãrend zãmsg sebre, karen-biig sebre, karen-dot a 3 soaba, Manuel de grammaire du français en Mooré, Livre de l'apprenant, 3e année*, Ouagadougou : OSEO, 3e édition.

MEBA 2003d. *Ges-kãag zãmsg sebre, Manuel de Sciences d'Observation en mooré*, Ouagadougou : OSEO.

MEBA 2003e. *Geel sebre, karen-doog a 2 soaba, karen-biig sebre, Livre de Calcul 2è année des écoles bilingues en mooré, livre de l'élève*, Ouagadougou : OSEO.

MEBA 2003f. *Jatigafe kaan fila kalan san fɔlɔ, kalandenw ka gafe, Livre de calcul 1ère année des écoles bilingues en dioula*, Ouagadougou : OSEO.

MEBA, 2003g. *Kalangwegafe, saan 1ɔ, Livre de lecture première année en dioula, livre de l'élève*, Ouagadougou : OSEO.

MEBA, 2003h. *Kanfilakalan saan 2nan ka jatigafe, Livre de calcul 2è année des écoles bilingues en dioula*, Ouagadougou : OSEO.

MEBA 2003i. *Kʋdemd sebre, karen-biig sebre, Histoire CE2, mooré*, Ouagadougou : OSEO.

MEBA 2003j. *Parlons français, guide de langage, Tome I, Leçons 1 à 15, 1re année des écoles bilingues*, Ouagadougou : OSEO.

MEBA 2003k. *Parlons français, guide de langage, Tome II, Leçons 16 à 30, 1re année des écoles bilingues*, Ouagadougou : OSEO.

MEBA 2003l. *Tẽn-baoosem sebre, karen-doog a yiib soaba, Cours de géographie en mooré, deuxième année*, Ouagadougou : OSEO.

RONDEAU G. 1986. *Introduction à la terminologie*, Chicoutimi, Gaétan Morin.

SERME J. 1998. *Un exemple de résistance à l'innovation lexicale : les « archaïsmes » du français régional*, thèse de doctorat, Université Lumière-Lyon 2.

www.ingramcontent.com/pod-product-compliance
Lightning Source LLC
Chambersburg PA
CBHW071258130726
47998CB00003B/1237